Highlights

이모티콘 영어 게임북

아라미

다양한 표정들

서로 다른 그림을 20개 이상 찾아보세요.

길 잃은 병아리

집에 돌아갈 시간이에요.
아래 힌트를 보고 어떤 길로 가야할지 맞혀 보세요.

오른쪽으로 1칸
오른쪽

위
위로 1칸

아래로 1칸
아래

왼쪽으로 1칸
왼쪽

길1	길2	길3	길4	길5	길6
🚜	🌽	🌽	🌽	🚜	🌽
🚜	🌽	🌽	🚜	🌽	🌽
🐮	🐷	🐷	🌽	🐷	🌽
🌽	🌽	🐷	🐷	🚜	🌽
🚜	🚜	🌽	🌽	🐮	🚜

도착

물고기를 찾아서

물고기와 관련된 영어 단어들을 아래 표에서 찾아 묶으세요.
물고기는 영어로 FISH이고 표에서는 그림 글자 🐟 로 표시되어 있어요.
각 단어의 나머지 알파벳은 가로, 세로 혹은 대각선으로 배열되어 있어요.
알파벳은 서로 겹치기도 하고 배열이 거꾸로 되어 있기도 해요.

찾아야 할 단어

ANGELFISH
애인절피사

ARCHERFISH
물총고기

BLOWFISH
복어

BLUEFISH
블루피시

BONEFISH
여을멸

BUTTERFISH
은대구

CATFISH
메기

CRAYFISH
가재

CUTTLEFISH
갑오징어

DOGFISH
돔발 상어

FISHBOWL
어항

FISHERMAN
낚시꾼

FISH-EYE
어안의

FISHHOOK
낚싯바늘

FISHTAIL
좌우로 미끄러지는

FLYING FISH
날치

GOLDFISH
금붕어

JELLYFISH
해파리

KINGFISH
킹피시

NOODLE FISH
오목어

PARROT FISH
파랑비늘돔

RIBBONFISH
갈치

SCORPION FISH
쏨뱅이

SHELLFISH
조개류

STARFISH
불가사리

SUNFISH
개복치

SWORDFISH
황새치

TRIGGERFISH
쥐치

ZEBRA FISH
제브라피시

B	U	T	T	E	R	🐟	G	G	O	L	D	🐟
O	L	🐟	E	L	T	T	U	C	L	D	N	D
F	I	E	P	A	R	R	O	T	🐟	O	I	R
F	A	R	C	H	E	R	🐟	S	I	🐟	H	O
L	T	M	H	A	I	R	C	P	H	🐟	L	W
Y	🐟	A	V	B	E	R	R	O	E	W	🐟	S
I	E	N	B	G	A	O	O	N	O	T	E	U
N	W	O	G	Y	C	K	O	B	E	O	U	N
G	N	I	🐟	S	T	B	🐟	Y	E	E	L	🐟
🐟	R	D	O	G	🐟	L	E	G	N	A	B	R
T	T	B	L	O	W	🐟	Y	L	L	E	J	A
K	I	N	G	🐟	Z	E	B	R	A	🐟	H	T
S	H	E	L	L	🐟	E	L	D	O	O	N	S

고장 난 차

아래 퀴즈를 풀어 정답을 영어로 적으세요.
정답마다 그려진 자동차 그림은 알파벳 CAR를 나타내요.
예를 들어 1번 퀴즈의 정답은 CARD(카드)니까 빈칸에 D만 적으면 된답니다.

1. 생일이나 크리스마스에 주고받는 편지: ___

2. 고기나 나무를 얇게 썰다: __ __

3. 음식이나 음료를 담는 갑: __ __ __

4. 바닥 깔개: __ __ __ __

5. 땅속에서 자라는 주황색 뿌리채소: __ __ __ __

6. 말풍선 속에 대화가 나오는 익살스러운 그림: __ __ __ __ __

7. 북아메리카에 사는 순록: __ __ __ __ __

8. 쫀득쫀득한 사탕: __ __ __ __ __

9. 크리스마스에 부르는 노래: __ __

10. 축하하며 벌이는 큰 행사: __ __ __ __ __

11. 어버이날의 꽃: __ __ __ __ __ __

12. 옆으로 재주넘기: __ __ __ __ __ __

13. 동물의 고기를 먹고 사는 동물: __ __ __ __ __ __ __

14. 승용차 함께 타기: __ __ __ __

여러 가지 날씨

연두색 선으로 나뉜 가로 3칸, 세로 2칸짜리 사각형이 있어요.
각 칸에 6가지 날씨가 각각 1번씩만 들어가게 그림을 그리세요.
또 전체 사각형에서는 6가지 날씨가 가로 행마다 1번씩,
세로 열마다 1번씩만 들어가게 그려 보세요.

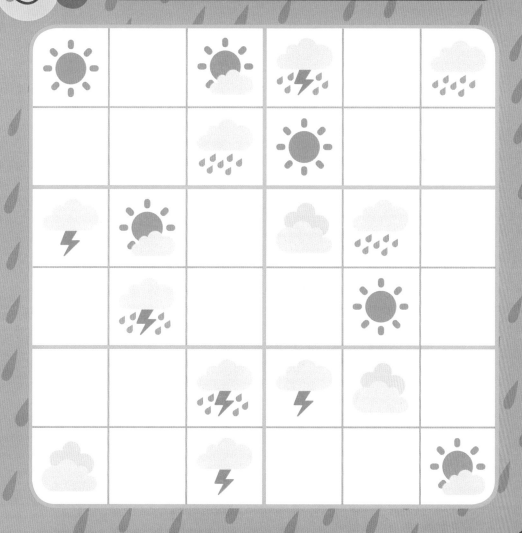

귀여운 동물들

아래 동물에 매겨진 알파벳 암호를
오른쪽 빈칸에 적으세요. 수수께끼를 풀 수 있어요.

그림 암호

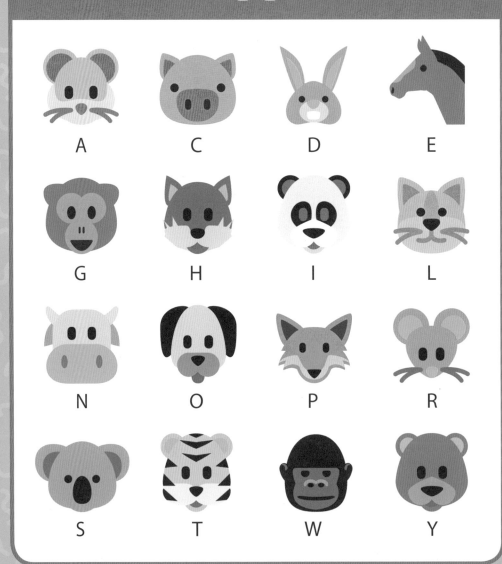

말들은 아플 때 어디로 갈까요?

___ ___   ___ ___ ___

___ ___ ___ ___ ___ ___ ___ ___ ___ ___

곰은 자기 할아버지를 뭐라고 부를까요?

___ ___ ___ ___ ___ - ___ ___ ___

어떤 개가 시간을 알려 줄까요?

___   ___ ___ ___ ___ ___   ___ ___ ___

돼지는 어떻게 편지를 쓸까요?

___ ___ ___ ___   ___   ___ ___ ___ ___ ___ ___

어떤 고양이가 볼링을 좋아할까요?

___ ___ ___ ___ ___   ___ ___ ___ ___

9

음악 시간

한 묶음에 4가지 악기가 다 들어가도록
선을 그어 묶으세요. 남는 칸이 있으면 안 돼요.
준비됐으면 이제 시작하세요!

맛있는 음식

다음 관용구에 들어갈 영어 단어를 쓰고 알맞은 그림과 연결하세요.

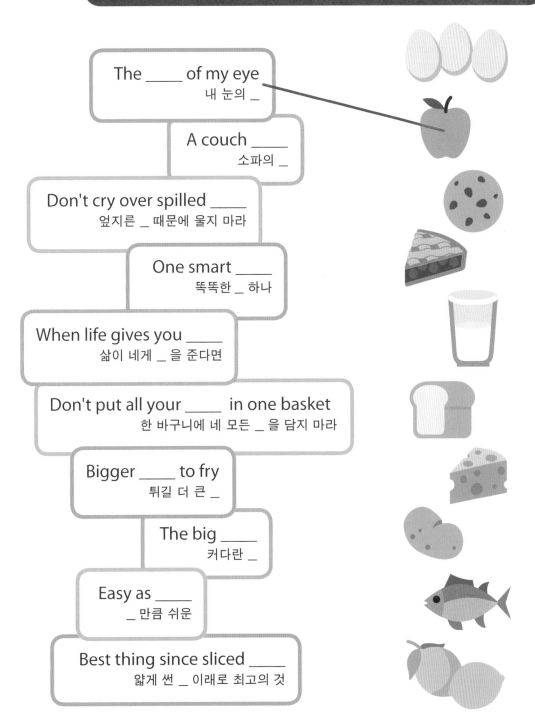

The _____ of my eye
내 눈의 _

A couch _____
소파의 _

Don't cry over spilled _____
엎지른 _ 때문에 울지 마라

One smart _____
똑똑한 _ 하나

When life gives you _____
삶이 네게 _ 을 준다면

Don't put all your _____ in one basket
한 바구니에 네 모든 _ 을 담지 마라

Bigger _____ to fry
튀길 더 큰 _

The big _____
커다란 _

Easy as _____
_ 만큼 쉬운

Best thing since sliced _____
얇게 썬 _ 이래로 최고의 것

익살스러운 표정

똑같은 표정끼리 짝지으세요.
짝 없는 표정 1개도 찾으세요.

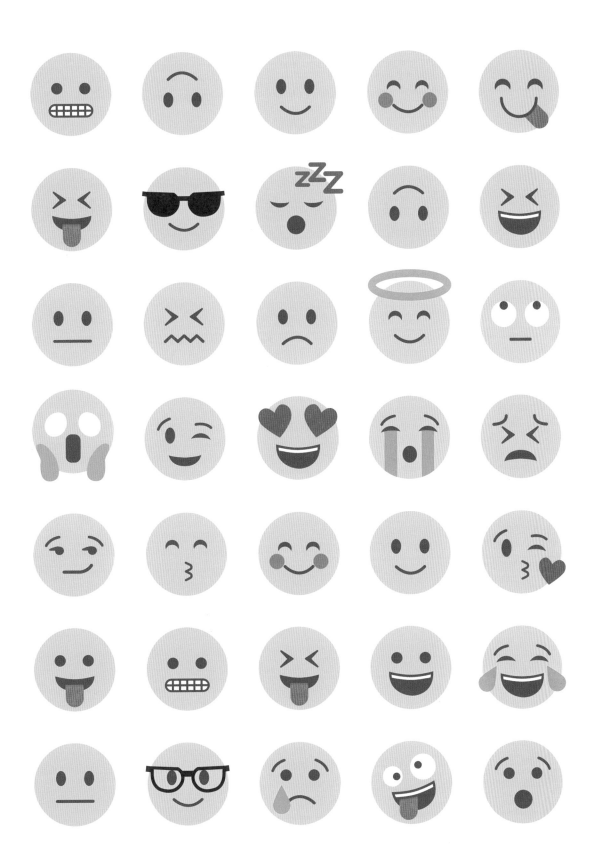

어디 숨었나?

찾아보세요. 5개 4개 3개 2개 1개

태양을 찾아서

태양과 관련된 영어 단어들을 아래 표에서 찾아 묶으세요.
태양은 영어로 SUN이고, 표에서는 그림 글자 ☀로 표시되어 있어요.
각 단어의 나머지 알파벳은 가로, 세로 혹은 대각선으로 배열되어 있어요.
알파벳은 서로 겹치기도 하고 배열이 거꾸로 되어 있기도 해요.

찾아야 할 단어

SUNBAKED
~~햇볕에 구워진~~

SUNBATHE
일광욕을 하다

SUNBEAM
일광

SUNBLOCK
자외선 차단제

SUNBURN
햇볕에 심하게 그을림

SUNBURNED
햇볕에 심하게 탄

SUNDAE
선디(아이스크림에 시럽,
과일을 얹은 것)

SUNDAY
일요일

SUNDECK
일광욕용 노대

SUNDIAL
해시계

SUNDOWN
해거름

SUNDRESS
여름용 원피스

SUNFISH
개복치

SUNKEN
가라앉은

SUNLIGHT
햇빛

SUNLIT
햇빛이 비치는

SUNNIER
햇살이 더 내리쬐는

SUNNY
화창한

SUNRAY
태양 광선

SUNRISE
해돋이

SUNROOF
여닫을 수 있는
승용차 지붕

SUNROOM
일광욕실

SUNSCREEN
자외선 차단 크림

SUNSET
일몰

SUNSHINE
햇살

SUNSPOT
태양의 흑점

SUNTAN
햇볕에 보기 좋게 태움

TSUNAMI
쓰나미

UNSUNG
유명해지지 못한

피자와
아이스크림

피자와 아이스크림을 번갈아 지나며 미로를 통과하세요.
모든 피자와 아이스크림을 지나가야 하고,
갔던 길을 다시 가면 안 돼요.

17

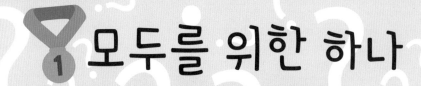

모두를 위한 하나

아래 퀴즈를 풀어 정답을 영어로 적으세요.
정답마다 그려진 1등 메달 그림은 알파벳 ONE을 나타내요.
예를 들어 1번 퀴즈의 정답은 CONE(콘)이니까 빈칸에 C만 적으면 된답니다.

1. 아이스크림을 담는 과자 부분: __ 🏅

2. 완료된: __ 🏅

3. 척추동물의 몸을 지탱하는 딱딱한 물질: __ 🏅

4. 꿀벌이 모으는 달콤한 것: __ 🏅 __

5. 동전과 지폐: __ 🏅 __

6. 혼자서: __ __ 🏅

7. 버터와 크림을 발라 먹는 작은 영국 빵: __ __ 🏅

8. 돌 여러 개: __ __ 🏅 __

9. 강한 회오리바람을 일으키는 열대성 폭풍: __ __ __ __ 🏅

10. 멀리 떨어진 사람과 이야기할 때 쓰는 기계: __ __ 🏅

11. 가 버린: __ 🏅

12. 채로 두드려서 여러 가지 소리를 내는 악기: __ __ __ __ __ __ 🏅

13. 왕이 앉는 의자: __ __ __ 🏅

14. 정직한: __ 🏅 __ __

여러 가지 새들

연두색 선으로 나뉜 가로 3칸, 세로 2칸짜리
사각형이 있어요. 각 칸에 6종류의 새가
각각 1마리씩만 들어가게 그림을 그리세요.
또 전체 사각형에서는 6종류의 새가
가로 행마다 1번씩, 세로 열마다 1번씩만
들어가게 그려 보세요.

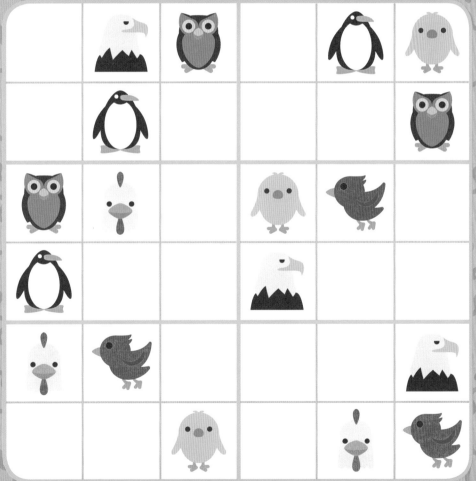

재미있는 식물들

아래 식물에 매겨진 알파벳 암호를
오른쪽 빈칸에 적으세요.
수수께끼를 풀 수 있어요.

그림 암호

A

B

D

E

F

H

I

K

L

M

O

P

R

S

T

U

V

W

Y

Z

식물들은 무얼 마실까요?

어떤 식물이 수학을 좋아할까요?

나무를 훔쳐 간 사람을 뭐라고 부를까요?

큰 꽃은 작은 꽃에게 뭐라고 말했을까요?

모든 사람이 갖고 있는 꽃은 무엇일까요?

영화관에서

가로 행, 세로 열마다 4가지 스낵의 합이 적혀 있어요.
각 스낵의 가격은 얼마일지 아래에 적어 보세요.
팝콘은 8달러이고, 맨 아래 행부터 계산을 시작해 보세요.

17.00달러

28.00달러

20.00달러

26.00달러

24.00달러

22.00달러

23.00달러

22.00달러

🍿 = 8.00달러　　🍭 = _____

🥨 = _____　　🍦 = _____

어떤 감정일까?

다음 관용구에 들어갈 영어 단어를 쓰고, 알맞은 그림과 연결하세요.

_____ on thin ice
살얼음 위에서 _ 를 타다

Once in a blue _____
푸른 _ 이 뜰 때 한 번

Music to my _____
내 _ 에는 음악인

Like a kid in a _____ store
_ 가게에 온 어린아이 같은

As right as _____
_ 처럼 올바른

An open _____
펼쳐진 _

Every _____ has a silver lining
모든 _ 에는 은빛 안감이 있다

Sick as a _____
_ 처럼 아픈

The way the _____ crumbles
_ 가 부서지는 식으로

An early _____
일찍 일어나는 _

23

내 표정 찾기

같은 표정들이 모여 있는 세로 열 2줄을 찾아보세요.

보너스 퀴즈
세로 열마다 1개씩 공통적으로
들어 있는 얼굴 표정을 찾아보세요.

어떤 단어가 될까?

그림 1개와 단어 1개를 합치면 합성어가 돼요.
예를 들어 아래에 물고기 그림이 있어요. 물고기는 영어로 fish이고,
영어 단어에 있는 sun을 찾아 합치면 sunfish(개복치)가 된답니다.
찾은 합성어 10개를 아래에 적으세요.

worm

wild

sweet

green

place

under

pop

back

s~~un~~

glasses

1. sunfish _____   6. _____
2. _____   7. _____
3. _____   8. _____
4. _____   9. _____
5. _____   10. _____

여러 가지 탈것들

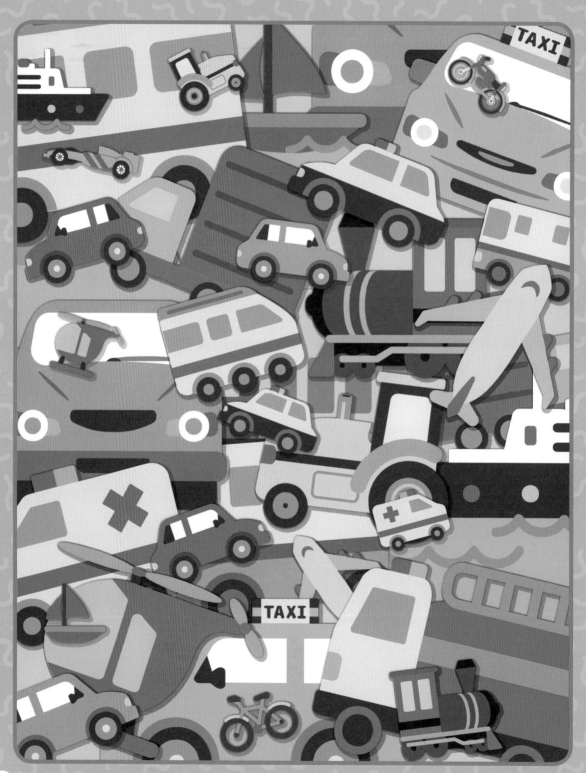

슛, 골인!

골대를 향해 힘껏 공을 차세요! 아래 힌트를 보고 어떤 길로 가야할지 맞혀 보세요.

발을 찾아서

 발과 관련된 영어 단어들을 아래 표에서 찾아 묶으세요.
발은 영어로 FOOT이고 표에서는 그림 글자 👣로 표시되어 있어요.
각 단어의 나머지 알파벳은 가로, 세로 혹은 대각선으로 배열되어 있어요.
알파벳은 서로 겹치기도 하고 배열이 거꾸로 되어 있기도 해요.

찾아야 할 단어

~~BAREFOOT~~
맨발의

BEST FOOT FORWARD
힘껏 하다

BIGFOOT
빅풋(북미에 사는 원인)

CROWFOOT
미나리아재비

FLATFOOT
평발

FOOT FAULT
풋 폴트(서브를 넣을 때 발로 라인을 밟는 반칙)

FOOT THE BILL
비용을 부담하다

FOOTBALL
미식축구

FOOTBATH
발 씻기

FOOTBRIDGE
보행자 전용 다리

FOOTGEAR
신는 것

FOOTHILL
작은 언덕

FOOTHOLD
발 디딜 곳

FOOTLIGHT
무대 아래에서 위를 향해 비추는 광선

FOOTLOCKER
크고 네모난 트렁크 가방

FOOTLOOSE
매인 데 없이 자유로운

FOOTMAN
남자 하인

FOOTNOTE
페이지 아래쪽에 써 놓은 설명

FOOTPATH
오솔길

FOOTPRINT
발자국

FOOTRACE
도보 경주

FOOTREST
발판

FOOTSTEP
발걸음

FOOTSTOOL
발 받침

FOOTWORK
발놀림

HOTFOOT
서둘러

SURE-FOOTED
단단히 딛고 선

TENDERFOOT
풋내기

UNDERFOOT
발밑에

👣	T	H	E	D	👣	F	A	U	L	T	👣	B
T	S	L	P	L	L	L	I	H	👣	E	L	N
N	E	T	L	👣	L	O	T	R	E	N	O	S
I	R	F	O	I	L	A	H	E	👣	D	O	T
R	👣	R	O	B	O	B	N	E	S	👣	E	F
P	E	T	S	👣	L	E	C	O	R	E	F	
👣	O	👣	P	A	T	H	H	K	T	👣	S	O
H	T	O	W	O	R	C	T	E	👣	R		
R	G	M	U	N	D	E	R	👣	R	W	W	
O	A	B	A	👣	L	I	G	H	T	A	O	A
N	R	E	👣	B	R	I	D	G	E	C	R	R
E	F	O	G	O	B	A	R	E	👣	E	K	D
S	U	R	E	👣	E	D	F	L	A	T	👣	T

고소한 옥수수

아래 퀴즈를 풀어 정답을 영어로 적으세요.
정답마다 그려진 옥수수 그림은 알파벳 CORN을 나타내요.
예를 들어 1번 퀴즈의 정답은 ACORN(도토리)이니까 빈칸에 A만 적으면 된답니다.

1. 떡갈나무 열매: __
2. 두 벽이 만나는 곳: __ __
3. 영화 볼 때 먹는 것: __ __ __
4. 이마에 뿔이 난 전설의 말: __ __ __ __
5. 아침에 먹는 시리얼: __ __ __ __ __ __ __
6. 반죽이 잘 되게 하는 가루: __ __ __ __ __ __
7. 눈 가장 바깥쪽에 있는 막: __ __
8. 작은 나팔같이 생긴 금관 악기: __ __
9. 음식 냄새를 없애는 약간 매운 향신료: __ __ __ __ __ __
10. 스프와 함께 먹는 누르스름한 빵: __ __ __ __ __
11. 옥수숫가루로 만들어 얇게 튀긴 스낵: __ __ __ __
12. 표현, 행동 따위가 낡고 새롭지 못한: __
13. 옥수수 알갱이처럼 여러 가닥으로 땋은 머리형: __ __ __ __
14. 옥수수를 빻은 가루: __ __ __ __

30

6가지 감정 표현

연두색 선으로 나뉜 가로 3칸, 세로 2칸짜리 사각형이 있어요.
각 칸에 6가지 표정이 각각 1번씩만 들어가게 그림을 그리세요.
또 전체 사각형에서는 6가지 표정이 가로 행마다 1번씩,
세로 열마다 1번씩만 들어가게 그려 보세요.

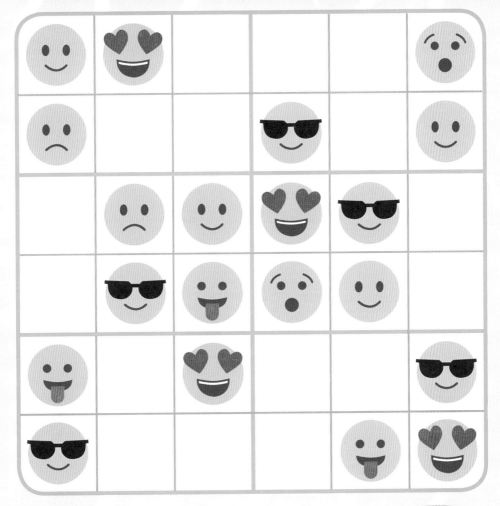

오늘의 점심

아래 음식에 매겨진 알파벳 암호를
오른쪽 빈칸에 적으세요. 수수께끼를 풀 수 있어요.

그림 암호

A

B

C

E

F

H

I

K

L

M

O

P

R

S

T

U

V

W

Y

Z

쿠키는 왜 병원에 갔을까요?

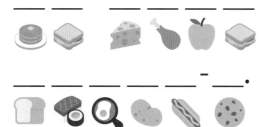 

＿ ＿ ＿ ＿ ＿ - ＿ .

에그롤(기름에 튀긴 달걀말이)을 어떻게 만드나요?

＿ ＿ ＿ ＿ ＿ ＿ ＿ .

경주하던 겨자는 무슨 말을 했을까요?

" ＿ ＿ ＿ ＿ ＿

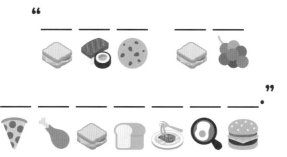

＿ ＿ ＿ ＿ ＿ ＿ ＿ . "

망가진 피자를 어떻게 고칠까요?

＿ ＿ ＿ ＿ ＿ ＿ ＿ ＿ ＿

＿ ＿ ＿ ＿ ＿ .

강아지와
고양이

한 묶음에 강아지 2마리와 고양이 2마리가 다 들어가도록
선을 그어 묶으세요. 남는 칸이 있으면 안 돼요.
준비됐으면 이제 시작하세요!

재미있는 말

다음 관용구에 들어갈 영어 단어를 쓰고 알맞은 그림과 연결하세요.

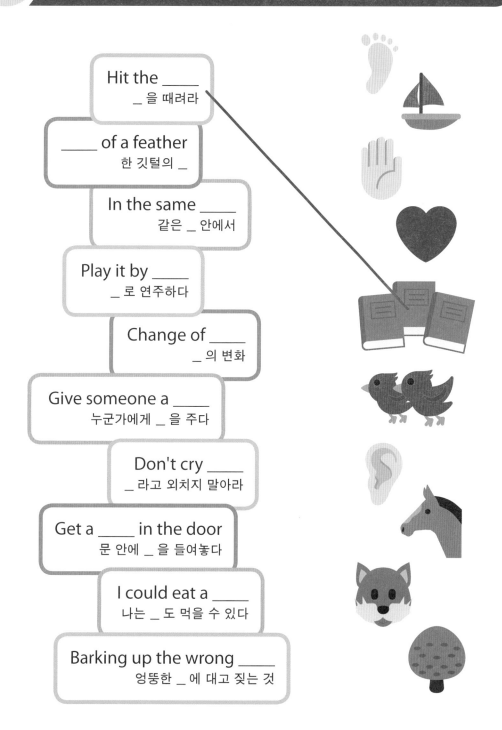

Hit the _____
_ 을 때려라

_____ of a feather
한 깃털의 _

In the same _____
같은 _ 안에서

Play it by _____
_ 로 연주하다

Change of _____
_ 의 변화

Give someone a _____
누군가에게 _ 을 주다

Don't cry _____
_ 라고 외치지 말아라

Get a _____ in the door
문 안에 _ 을 들여놓다

I could eat a _____
나는 _ 도 먹을 수 있다

Barking up the wrong _____
엉뚱한 _ 에 대고 짖는 것

35

갖가지 손동작

똑같은 손동작끼리
짝지으세요.
짝 없는 손동작 1개도
찾으세요.

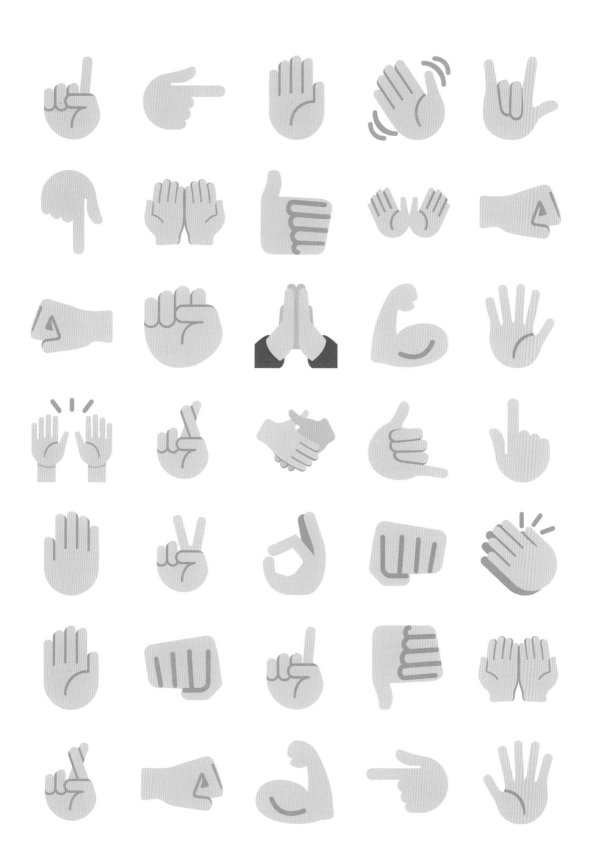

어디 숨었나?

찾아보세요. 5개 4개 3개 2개 1개

하트를 찾아서 ♥

하트와 관련된 영어 단어들을 아래 표에서 찾아 묶으세요.
하트는 영어로 HEART이고 표에서는 그림 글자 ♥로 표시되어 있어요.
각 단어의 나머지 알파벳은 가로, 세로 혹은 대각선으로 배열되어 있어요.
알파벳은 서로 겹치기도 하고 배열이 거꾸로 되어 있기도 해요.

찾아야 할 단어

~~BROKENHEARTED~~
~~상심한~~

CHANGE OF HEART
변심

CHICKENHEARTED
겁 많은

COLDHEARTED
인정 없는

HALF-HEARTED
성의 없는

HARD-HEARTED
매정한

HAVE A HEART
인정이 있다

HEART AND SOUL
열성을 바쳐

HEART OF GOLD
아름다운 마음

HEART OF STONE
무정한

HEART TO HEART
마음을 터놓고

HEARTACHE
마음의 고통

HEARTBEAT
심장박동

HEARTBREAK
큰 슬픔

HEARTBURN
속 쓰림

HEARTFELT
진심 어린

HEARTSICK
비탄에 잠긴

HEARTTHROB
심장의 고동

HEARTWORM
심장사상충

KINDHEARTED
친절한

KNOW BY HEART
외우다

SWEETHEART
사랑하는 이를 부르는 호칭

TENDERHEARTED
마음씨 고운

YOUNG AT HEART
마음은 젊다

꽃향기 미로

각 꽃마다 점수가 있어요. 미로를 통과하며 각 꽃을 지날 때마다 점수를 더하세요. 출발부터 도착까지 딱 37점이 되는 길을 찾아보세요.

꽃의
점수

=1점
=2점
=3점

도착

꼬물꼬물 개미

아래 퀴즈를 풀어 정답을 영어로 적으세요.
정답마다 그려진 개미 그림은 알파벳 ANT를 나타내요.
예를 들어 1번 퀴즈의 정답은 GIANT(거인)이니까 빈칸에 GI만 적으면 된답니다.

1. 거대한 사람: __ __ 🐜

2. 긴 코가 있는 동물: __ __ __ __ __ 🐜

3. 집세를 내고 사는 사람: __ __ __ 🐜

4. 사슴 머리에 난 뿔: 🐜 __ __ __

5. 나라를 대표, 상징하는 노래: 🐜 __ __ __

6. 삼각형 모양의 깃발: __ __ __ __ 🐜

7. 남의 집에 매여 일을 하는 사람: __ __ __ __ 🐜

8. 곤충의 더듬이: 🐜 __ __ __ __

9. 기분 좋은: __ __ __ __ __ 🐜

10. 오래되고 가치 있는 물건: 🐜 __ __ __ __ __

11. 젖을 먹는 어린아이: __ __ __ 🐜

12. 식료품 저장실: __ 🐜 __ __

13. 벽난로 위 선반: __ 🐜 __ __

14. 화재 시 물 공급을 위해 상수도관에 연결된 시설: __ __ __ __ 🐜

간식 시간

파란색 선으로 나뉜 가로 3칸, 세로 2칸짜리 사각형이 있어요.
각 칸에 6가지 간식이 각각 1번씩만 들어가게 그림을 그리세요.
또 전체 사각형에서는 6가지 간식이 가로 행마다 1번씩,
세로 열마다 1번씩만 들어가게 그려 보세요.

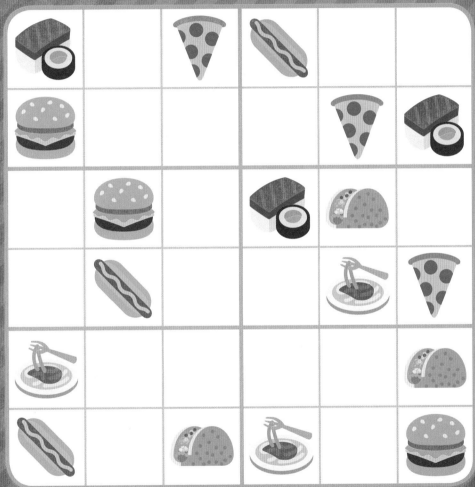

신나는 음악 시간

아래 그림에 매겨진 알파벳 암호를
오른쪽 빈칸에 적으세요. 수수께끼를 풀 수 있어요.

그림 암호

A	B	E	H
L	M	N	O
P	R	S	T
U	W	Y	Z

미라는 어떤 종류의 음악을 좋아할까요?

__ __ __ __

비눗방울은 어떤 종류의 음악을 싫어할까요?

__ __ __!
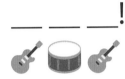

해골은 어떤 악기로 음악을 연주할까요?

__ __ __ __ __ - __ __ __ __ __

연주자가 박자를 놓치면 여러분에게 무엇이 생기나요?

__ __ __ __ __ - __ __ __ __ __ __

눈사람들은 어디서 춤을 출까요?

__ __ __ __

__ __ __ __ __ __ __ __

재미있는 덧셈

각 표정마다 하나의 숫자를 나타내요.
아래 내용을 보고 어떤 표정이 어떤 숫자를 나타내는지 알아맞혀 보세요.

A   😃 + 🙂 = 12   😃 − 🙂 = 6

___   ___   ___   ___

B   😉 + 😎 = 17   😉 − 😎 = 3

___   _7_   ___   _7_

C   😄 + 😋 = 14   😄 − 😋 = 2

___   ___   ___   ___

D   😍 + 🤓 = 20   😍 − 🤓 = 12

___   ___   ___   ___

E   😄 + 😛 = 13   😄 − 😛 = 3

___   ___   ___   ___

F   😂 + 😎 = 18   😂 − 😎 = 4

___   _7_   ___   _7_

멋진 표현들

다음 관용구에 들어갈 영어 단어를 쓰고 알맞은 그림과 연결하세요.

As white as _____
_처럼 하얀

Over the _____
_ 위에 있는 듯한

Off on the wrong _____
잘못된 _ 부터 내디디다

That _____ has sailed
_는 이미 떠났다

On _____ nine
가장 높은 아홉 번째 _ 위에

_____ in your stomach
네 위장 속 _

Wear your _____ on your sleeve
네 _을 소매에 달아라

_____ of thought
_처럼 꼬리를 물고 이어지는 생각

Fit as a _____
_처럼 탄탄한

Add fuel to the _____
_에 연료를 붓다

다양한 동물들

같은 동물들이 모여 있는 세로 열 2줄을 찾아보세요.

보너스 퀴즈
세로 열마다 1개씩 공통적으로
들어 있는 동물을 찾아보세요.

어떤 단어가 될까?

가운데 그림의 양쪽에 스티커를 붙여서 합성어를 2개씩 만들어 보세요. 예를 들어 아래에 조개껍질(shell) 그림이 있어요. 조개껍질 왼쪽에 달걀(egg) 스티커를 붙이면 달걀 껍질(eggshell)이 돼요. 오른쪽에 물고기(fish) 스티커를 붙이면 조개류(shellfish)라는 단어가 된답니다.

shell

dog

drum

house

water

note

corn

fish

뭐가 가장 맛있을까?

예쁜 무지개

한바탕 비가 내렸어요. 아래 힌트를 보고 어떤 길로 가야할지 맞혀 보세요.

고양이를 찾아서

고양이와 관련된 영어 단어들을 아래 표에서 찾아 묶으세요.
고양이는 영어로 CAT이고 표에서는 그림 글자 로 표시되어 있어요.
각 단어의 나머지 알파벳은 가로, 세로 혹은 대각선으로 배열되어 있어요.
알파벳은 서로 겹치기도 하고 배열이 거꾸로 되어 있기도 해요.

찾아야 할 단어

BOBCAT
보브캣

CATALOG
카탈로그

CATAMARAN
쌍동선(배 2개를 연결한 배)

CATBIRD
캣버드(고양이 울음소리를 내는 작은 새)

CATCHY
기억하기 쉬운

CATEGORY
카테고리

CATERPILLAR
애벌레

CATFISH
메기

CATHEDRAL
대성당

CATNAP
토막잠

CATNIP
개박하

CATTAIL
부들(식물의 일종)

CATTLE
소

CATWALK
패션쇼 무대

COMMUNICATE
의사소통을 하다

COPYCAT
모방하는 사람

DECATHLON
10종 경기

DEDICATE
헌신하다

DOGCATCHER
들개 잡는 사람

EDUCATION
교육

LOCATE
위치를 찾다

MULTIPLICATION
곱셈

SCATTERED
산발적인

TOMCAT
수고양이

VACATION
방학

WILDCAT
살쾡이

53

귀를 기울여요

아래 퀴즈를 풀어 정답을 영어로 적으세요.
정답마다 그려진 귀 그림은 알파벳 EAR을 나타내요.
예를 들어 1번 퀴즈의 정답은 YEAR(해, 년)이니까 빈칸에 Y만 적으면 된답니다.

1. 대개 365일인 것: __ 🦻

2. 조롱박처럼 생긴 서양 과일: __ 🦻

3. 돈을 벌다: 🦻 __

4. 맑게 갠: __ __ 🦻

5. 지구 행성: 🦻 __ __

6. '늦은'의 반대말: 🦻 __ __

7. 어떤 것에 대해 배워 지식을 얻다: __ 🦻 __

8. 가슴에서 두근두근 뛰는 기관: __ 🦻 __

9. 귀에 거는 장신구: 🦻 __ __ __ __ __

10. 곰 인형: __ __ __ __ __ __ __ 🦻

11. 슬플 때 얼굴에 흐르는 것: __ 🦻 __ __ __ __ __ __

12. 사라지다: __ __ __ __ __ __ __ 🦻

13. 목욕 후 가장 먼저 입는 것: __ __ __ __ __ __ __ 🦻

14. '먼'의 반대말: __ 🦻

달콤한 디저트

연두색 선으로 나뉜 가로 3칸, 세로 2칸짜리 사각형이 있어요.
각 칸에 6가지 디저트가 각각 1번씩만 들어가게
그림을 그리세요. 또 전체 사각형에서는 6가지 디저트가
가로 행마다 1번씩, 세로 열마다 1번씩만 들어가게 그려 보세요.

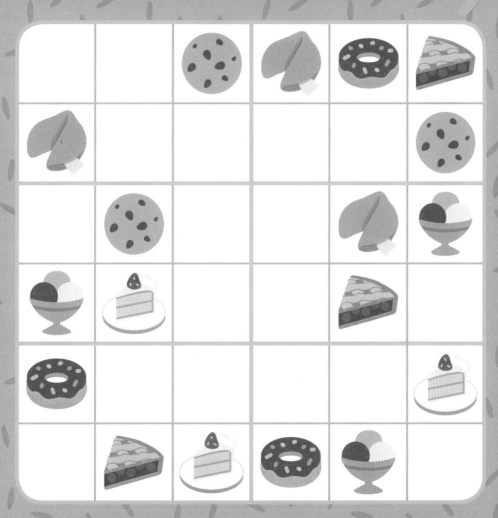

스포츠용품들

아래 물건들에 매겨진 알파벳 암호를
오른쪽 빈칸에 적으세요. 수수께끼를 풀 수 있어요.

그림 암호

A	B	C	D
E	F	H	I
L	N	O	R
S	T	U	Y

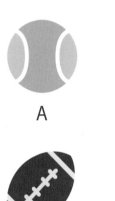

야구 글러브가 야구공에게 뭐라고 말했을까요?

___ ___ ___ ___ ___   ___ ___ ___

___ ___ ___ ___ ___."

테니스 라켓의 줄 두 가닥은 경기에서 뭘 했나요?

___ ___ ___ ___   ___ ___ ___ ___.

축구 시합이 끝나면 왜 더워질까요?

___ ___ ___   ___ ___ ___ ___   ___ ___ ___ ___.

서빙만 하고 먹을 수는 없는 것은 무엇일까요?

___   ___ ___ ___ ___ ___   ___ ___ ___ ___.

물고기들은 왜 농구를 안 할까요?

___ ___ ___ ___ ___ ___ ,   ___ ___ ___ ___ ___ ___

___ ___   ___ ___ ___   ___ ___.

한바탕  웃어요

한 묶음에 혀를 내민 표정과 웃는 표정이 2개씩
들어가도록 선을 그어 묶으세요.
남는 칸이 있으면 안 돼요.
준비됐으면 이제 시작하세요!

동물들의 성격

다음 관용구에 들어갈 영어 단어를 쓰고 알맞은 그림과 연결하세요.

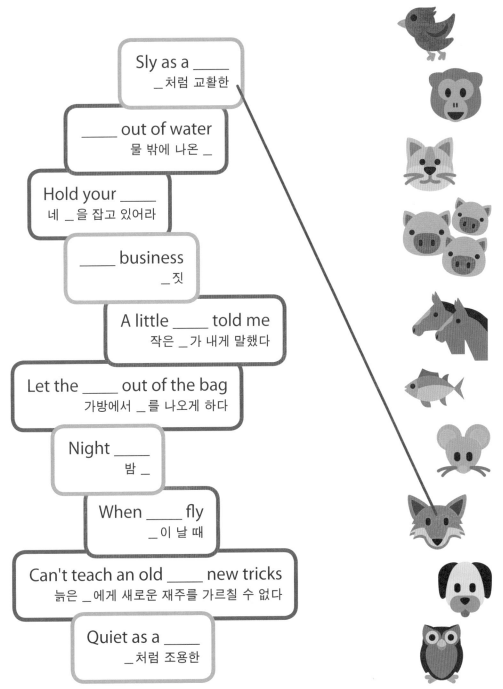

Sly as a _____
_처럼 교활한

_____ out of water
물 밖에 나온 _

Hold your _____
네 _을 잡고 있어라

_____ business
_짓

A little _____ told me
작은 _가 내게 말했다

Let the _____ out of the bag
가방에서 _를 나오게 하다

Night _____
밤 _

When _____ fly
_이 날 때

Can't teach an old _____ new tricks
늙은 _에게 새로운 재주를 가르칠 수 없다

Quiet as a _____
_처럼 조용한

알록달록 식물들

똑같은 식물끼리 짝지으세요.
짝 없는 식물 1개도 찾으세요.

어디 숨었나?

찾아보세요. 5개 🐬 4개 🌱 3개 😊 2개 🚲 1개 🍃

말을 찾아서

말과 관련된 영어 단어들을 아래 표에서 찾아 묶으세요.
말은 영어로 HORSE이고 표에서는 그림 글자 🐴 로 표시되어 있어요.
각 단어의 나머지 알파벳은 가로, 세로 혹은 대각선으로 배열되어 있어요.
알파벳은 서로 겹치기도 하고 배열이 거꾸로 되어 있기도 해요.

찾아야 할 단어

~~CLOTHESHORSE~~
~~빨래 건조대~~

DARK HORSE
의외로 강력한 상대방

EAT LIKE A HORSE
아주 많이 먹다

HOBBYHORSE
목마

HOLD YOUR
HORSES
진정하다

HORSEBACK
말을 타고 하는

HORSEFLY
말파리

HORSEHAIR
말 털

HORSELAUGH
너털웃음

HORSEMANSHIP
승마술

HORSEPLAY
거친 장난

HORSEPOWER
마력

HORSERADISH
서양고추냉이

HORSESHOE
말편자

HORSETAIL
말 꼬리

HORSEWHIP
채찍

HORSE RACE
경마

RACEHORSE
경주마

ONE HORSE
TOWN
작은 마을

PACKHORSE
짐 나르는 말

ROCKING HORSE
흔들 목마

SAWHORSE
톱질할 때 괴는
나무토막

SEAHORSE
해마

TROJAN HORSE
트로이 목마

WARHORSE
군마

STRONG AS A
HORSE
아주 튼튼한

WORKHORSE
일할 때 쓰는 말

흐림 또는 맑음

출발

도착

무얼까?

아래 퀴즈를 풀어 정답을 영어로 적으세요.
정답마다 그려진 깡통 그림은 알파벳 CAN을 나타내요.
예를 들어 1번 퀴즈의 정답은 CANOE(카누)니까 빈칸에 OE만 적으면 된답니다.

1. 길쭉하게 생긴 노 젓는 배: ⬜ __ __

2. 견과류 중 하나: __ __ ⬜

3. 유화를 그릴 때 쓰는 천: ⬜ __ __ __

4. 생일에 케이크 위에 꽂아 불을 밝히는 것: ⬜ __ __ __

5. 걸을 때 짚는 막대기: ⬜ __

6. 노란색 애완용 새: ⬜ __ __ __

7. 알록달록한 부리를 가진 열대 새: __ __ __ ⬜

8. 용암을 뿜어내는 산: __ __ __ ⬜ __

9. 엄청난 비바람을 몰고 오는 것: __ __ __ __ __ __ ⬜ __

10. 이미지를 복사해서 컴퓨터로 옮기는 기계: __ ⬜ __ __ __

11. 달콤해서 입에 넣고 오랫동안 빨아먹는 간식: ⬜ __ __

12. 미국 북쪽에 있는 나라: ⬜ __ __ __

13. 취소하다: ⬜ __ __ __

14. 험하고 좁은 골짜기: ⬜ __ __ __

해변에서

연두색 선으로 나뉜 가로 3칸, 세로 2칸짜리 사각형이 있어요.
각 칸에 6가지 그림이 각각 1번씩만 들어가게 그림을 그리세요.
또 전체 사각형에서는 6가지 그림이 가로 행마다 1번씩,
세로 열마다 1번씩만 들어가게 그려 보세요.

귀여운 이모티콘

아래 이모티콘에 매겨진 알파벳 암호를
오른쪽 빈칸에 적으세요. 수수께끼를 풀 수 있어요.

그림 암호

A

D

E

F

H

I

M

N

O

P

R

S

T

U

W

Y

왜 토끼는 그렇게 행복했을까요?

___ ___ ___ ___   ___ ___ ___

___ ___ ___ ___ - ___ ___ ___ ___ ___ ___.

어릿광대들은 어떤 달걀 요리를 좋아할까요?

___ ___ ___ ___ ___ ___ - ___ ___ ___ ___   ___ ___.
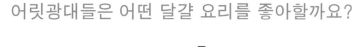

산드라는 왜 2월 29일에 울었을까요?

___ ___ ___   ___ ___ ___ ___   ___ ___ ___ ___ ___ ___

___ ___ ___ ___.

그 개는 왜 슬펐을까요?

무슨 숫자일까?

각 동물마다 1부터 9까지 숫자를 나타내요. 그중 개구리는 가장 큰 숫자를
나타내고, 토끼는 가장 작은 숫자를 나타내요. 아래 계산 내용을 보고
어떤 동물이 어떤 숫자를 나타내는지 알아맞혀 보세요.

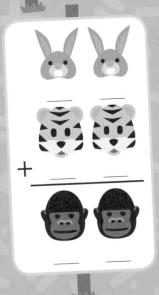

어떻게 하지?

다음 관용구에 들어갈 영어 단어를 쓰고 알맞은 그림과 연결하세요.

'Til the _____ come home
_ 이 집에 올 때까지

Piece of _____
_ 조각

Head in the _____
_ 속 머리

Blind as a _____
_ 처럼 장님인

Take a _____ check
_ 때문에 취소된 경기의 교환권을 받다

Costs an _____ and a leg
_ 과 다리 한 짝씩의 비용이 든다

_____ for a compliment
칭찬을 _ 처럼 낚다

If the _____ fits
_ 이 발에 맞는다면

_____ got your tongue
_ 가 네 혀를 가져갔다

Comparing apples and _____
사과들과 _ 을 비교하는 것

부릉부릉 탈것

 같은 탈것들이 모여 있는 세로 열 2줄을 찾아보세요.

 보너스 퀴즈
세로 열마다 1개씩 공통적으로
들어 있는 탈것을 찾아보세요.

어떤 단어가 될까?

그림 1개와 단어 1개를 합치면 합성어가 돼요. 예를 들어 아래에
박쥐 그림이 있어요. 박쥐는 영어로 bat이고, 영어 단어에 있는
boy를 찾아 합치면 batboy(야구팀의 물품을 정리하는 소년)가 된답니다.
찾은 합성어 10개를 아래에 적으세요.

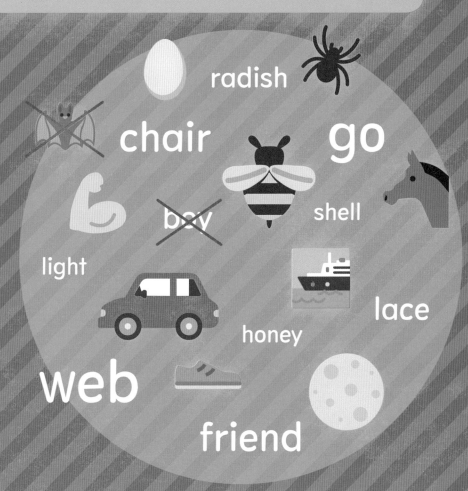

radish

chair

go

shell

boy

light

lace

honey

web

friend

1. <u>batboy</u>   6. _____

2. _____ 7. _____

3. _____ 8. _____

4. _____ 9. _____

5. _____ 10. _____

동물 천국

웃는 얼굴들

하하 호호 활짝 웃어 봐요. 아래 힌트를 보고
어떤 길로 가야할지 맞혀 보세요.

 오른쪽으로 1칸

 아래로 1칸

 위로 1칸

왼쪽으로 1칸

길1	길2	길3	길4	길5	길6
😄	😄	😄	😄	😄	😄
😄	😎	😄	😍	😄	😄
😄	☺	😄	😄	😍	😄
😄	😎	😍	☺	😄	☺
😎	☺	😄	😍	😍	😎

도착

별을 찾아서

별과 관련된 영어 단어들을 아래 표에서 찾아 묶으세요.
별은 영어로 STAR이고 표에서는 그림 글자 ⭐ 로 표시되어 있어요.
각 단어의 나머지 알파벳은 가로, 세로 혹은 대각선으로 배열되어 있어요.
알파벳은 서로 겹치기도 하고 배열이 거꾸로 되어 있기도 해요.

찾아야 할 단어

~~CORNSTARCH~~
~~옥수수 녹말~~

CUSTARD
커스터드 소스

DASTARDLY
악독하고 잔인한

KICK-START
시동을 걸다

LODESTAR
행동 지침, 북극성

LUCKY STARS
행운의 별들

MEGASTAR
초대형 스타

MOVIE STAR
영화배우

MUSTARD
겨자 소스

POLESTAR
북극성

ROCK STAR
록 스타

STAR ANISE
스타아니스
(향신료 종류)

STAR MAP
별자리 지도

STAR FRUIT
스타 프루트
(열대 과일)

STAR POWER
스타 파워

STAR-STUDDED
스타들이 많이 출연하는

STARBOARD
배의 오른쪽

STARBURST
별 모양의 광채

STARDOM
스타의 반열

STARDUST
우주 먼지, 매력

STARFISH
불가사리

STARGAZE
별을 관찰하다

STARLIGHT
별빛

STARLING
찌르레기

STARSHIP
우주선

STARSTRUCK
인기 스타에게 반한

STARTUP
시작

STARVE
굶주리다

SUPERSTAR
슈퍼스타

WISH UPON A STAR
별에게 소원을 빌다

안락한 집

아래 퀴즈를 풀어 정답을 영어로 적으세요. 정답마다 그려진
집 그림은 알파벳 HOUSE를 나타내요. 예를 들어 1번 퀴즈의 정답은
LIGHTHOUSE니까 빈칸에 LIGHT만 적으면 된답니다.

1. 바닷가에서 바다에 빛을 비추는 시설: __ __ __ __ __

2. 빨래, 청소 등 집 안에서 하는 일: __ __ __ __ __

3. 작은 가구가 있는 장난감 집: __ __ __ __ __

4. 닭을 가두어 두는 장: __ __ __

5. 집 안에서 자라는 화초: __ __ __ __ __

6. 선생님이 아이들을 가르치는 곳: __ __ __ __ __ __

7. 커피 마시는 곳: __ __ __ __ __ __

8. 재판이 치러지는 곳: __ __ __ __ __

9. 집파리: __ __ __ __

10. 마구간이 있는 집: __ __ __ __

11. 숲속에 있는 놀이용 집: __ __ __ __ __

12. 이사한 후에 손님을 초대해 대접하는 일: __ __ __ __ __ __ __ __ __

13. 겨울에도 채소를 재배할 수 있는 곳: __ __ __ __ __ __

14. 물건들을 저장하는 곳: __ __ __ __ __

꼬물꼬물 생물들

파란색 선으로 나뉜 가로 3칸, 세로 2칸짜리 사각형이 있어요. 각 칸에 6가지
생물이 각각 1번씩만 들어가게 그림을 그리세요. 또 전체 사각형에서는
6가지 생물들이 가로 행마다 1번씩, 세로 열마다 1번씩만 들어가게 그려 보세요.

향긋한 과일들

아래 과일에 매겨진 알파벳 암호를
오른쪽 빈칸에 적으세요. 수수께끼를 풀 수 있어요.

그림 암호

오렌지는 왜 의사 선생님을 찾아갔을까요?

___ ___   ___ ___ ___ ___ ___ , ___

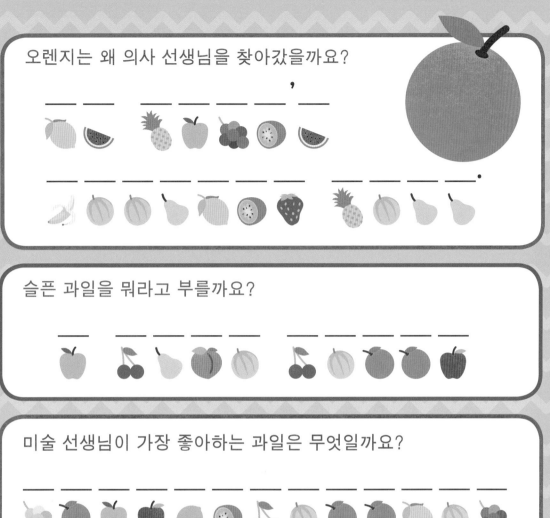

___ ___ ___ ___ ___ ___ ___   ___ ___ ___ ___ .

슬픈 과일을 뭐라고 부를까요?

___   ___ ___ ___ ___   ___ ___ ___ ___ ___

미술 선생님이 가장 좋아하는 과일은 무엇일까요?

___ ___ ___ ___ ___ ___ ___ ___ ___ ___ ___ ___ ___

바나나들은 체육관에서 뭘 가장 잘할까요?

___ ___ ___ ___ ___

쌍둥이들이 좋아하는 과일은 무엇일까요?

___ ___ ___ ___ ___

사랑의 하트 ♥

한 묶음에 3가지 색 하트가 다 들어가도록
선을 그어 묶으세요. 남는 칸이 있으면 안 돼요.
준비됐으면 이제 시작하세요!

재미있는 표현

다음 관용구에 들어갈 영어 단어를 쓰고 알맞은 그림과 연결하세요.

Drop the _____
_을 떨어뜨리다

_____ on top
꼭대기에 있는 _

Beat your own _____
자기의 _을 치다

Where there's smoke, there's _____
연기가 있는 곳에 _이 있다

Wise as an _____
_처럼 현명한

Big _____ in a small pond
작은 연못에 큰 _

A busy _____
바쁜 _

_____ in sheep's clothing
양의 탈을 쓴 _

A heavy _____
무거운 _

_____ of a different color
다른 색깔의 _

9개의 표정

똑같은 표정이 9개씩 있어요.
8개밖에 없는
표정 1개를 찾아보세요.

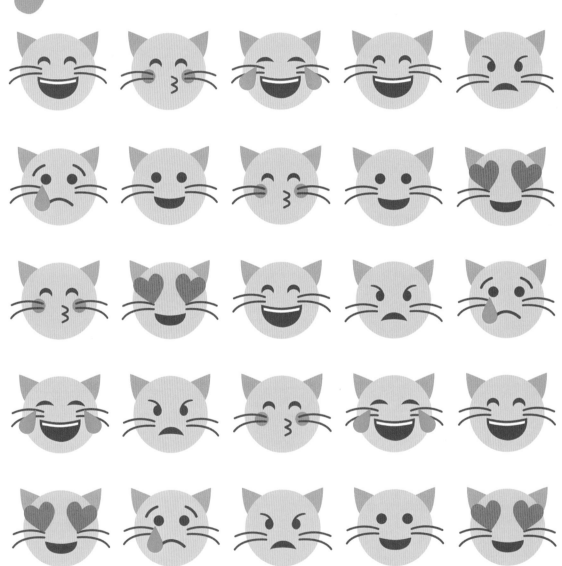

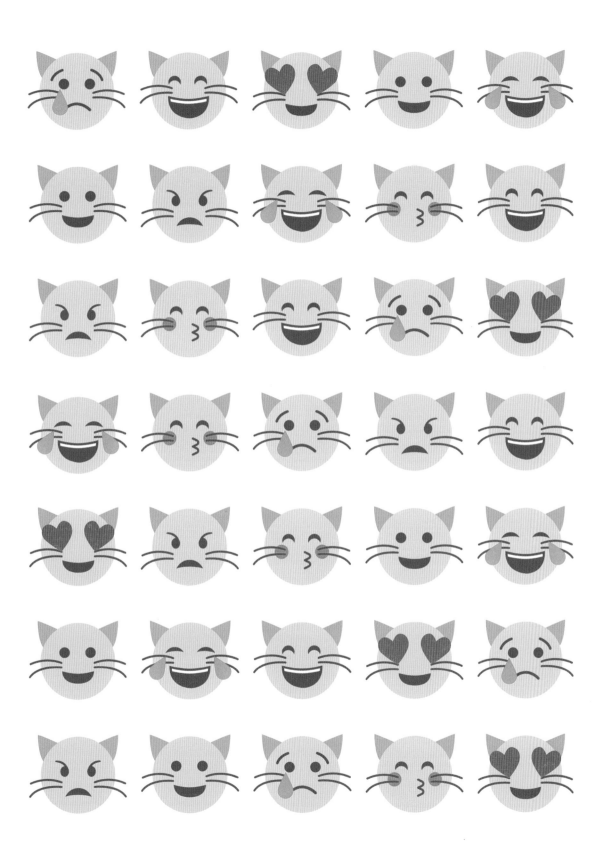

최고의 표정은?

2개 중에 1개를 고르는 방식을
되풀이하면 가장 좋아하는 표정을
알 수 있어요.

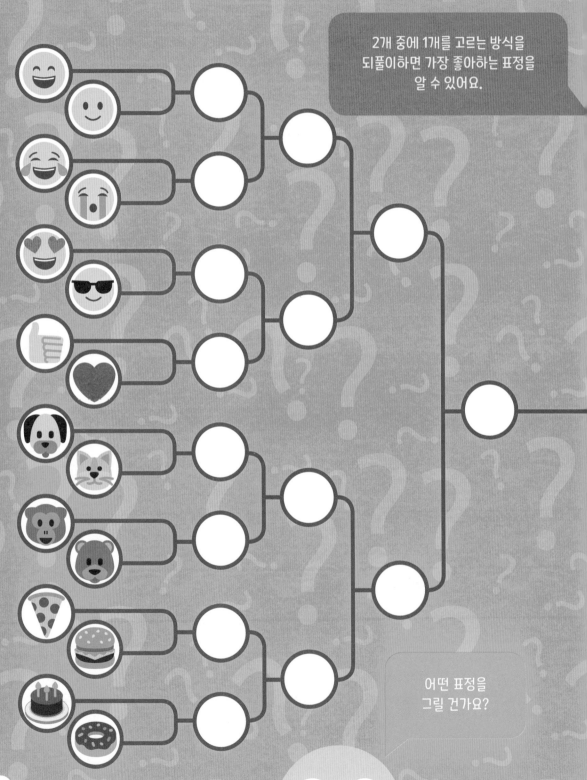

어떤 표정을
그릴 건가요?

보라색 선으로 2개씩 묶인 표정 중에 하나를 골라 똑같이 따라 그리세요.
그 다음에는 따라 그린 그림 중에 하나를 골라 똑같이 따라 그리세요.
이런 방식으로 최고의 표정 1개를 찾아 스티커를 붙여 보세요.

최고의 표정

정답

2-3쪽

4쪽

5쪽

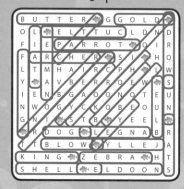

6쪽

1. CARD 카드
2. CARVE 저미다
3. CARTON 갑
4. CARPET 카펫
5. CARROT 당근
6. CARTOON 만화
7. CARIBOU 카리부
8. CARAMEL 캐러멜
9. CAROL 캐럴
10. CARNIVAL 축제
11. CARNATION 카네이션
12. CARTWHEEL 재주넘기
13. CARNIVORE 육식동물
14. CARPOOL 카풀

7쪽

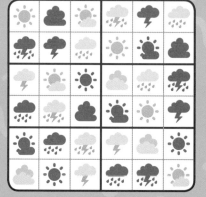

8-9쪽

TO THE HORSEPITAL
HOSPITAL(병원)의 HOS와
HORSE(말)의 발음이 비슷해요.

GRAND-PAW
GRANDPA(할아버지)의 PA와
PAW(동물의 발)의 발음이 비슷해요.

A WATCH DOG(경비견)
WATCH DOG의 WATCH는
'손목시계'라는 뜻이에요.

WITH A PIGPEN
PIGPEN(돼지우리)의 PEN은
'펜'이라는 뜻이에요.

ALLEY CATS(길 고양이)
ALLEY에는 '볼링장', '골목'
2가지 뜻이 있어요.

10쪽

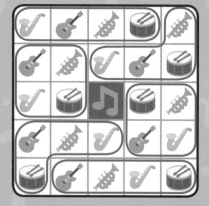

11쪽

내 눈의 사과apple 🍎 (뜻: 가장 사랑하는 것이나 사람)

소파의 감자potato 🥔 (뜻: 소파에 앉아 하루 종일 TV보는 사람)

엎지른 우유milk 때문에 울지 마라 🥛 (뜻: 되돌릴 수 없는 일은 잊어 버려라)

똑똑한 쿠키cookie 하나 🍪 (뜻: 영리한 사람)

삶이 네게 레몬들lemons을 준다면 🍋 (뜻: 삶에서 어려움이 닥치면)

한 바구니에 네 모든 달걀들eggs을 담지 마라 🥚🥚🥚
(뜻: 한 가지 일에 모든 것을 걸지 마라)

튀길 더 큰 물고기fish 🐟 (뜻: 더 중요한 일이 있는)

커다란 치즈cheese 🧀 (뜻: 영향력 있는 사람)

파이pie만큼 쉬운 🥧 (뜻: 아주 쉬운)

얇게 썬 빵bread 이래로 최고의 것 🍞 (뜻: 기가 막히게 좋은 것)

12-13쪽

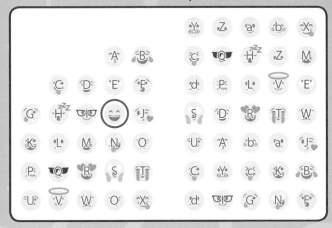

14쪽

15쪽

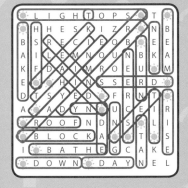

16-17쪽

18쪽

1. CONE 콘
2. DONE 완료된
3. BONE 뼈
4. HONEY 꿀
5. MONEY 돈
6. ALONE 혼자서
7. SCONE 스콘
8. STONES 돌들
9. CYCLONE 사이클론
10. PHONE 전화기
11. GONE 가 버린
12. XYLOPHONE 실로폰
13. THRONE 왕좌
14. HONEST 정직한

19쪽

20-21쪽

ROOT BEER(루트 비어)
식물 뿌리로 만든 탄산음료인
루트 비어는 '뿌리 맥주'라고
해석할 수 있어요.

A SUM-FLOWER
SUM(합계)과 FLOWER(꽃)를 합쳐
SUNFLOWER(해바라기)와 발음이
비슷하게 만든 수수께끼예요.

A LEAF THIEF 잎사귀 도둑
나무에는 잎사귀가 많아요.
LEAF는 잎사귀, THIEF는
도둑이라는 뜻이에요.

"HI, BUD." 안녕, 친구
BUD(싹)는 BUDDY(친구)의
줄임말이기도 해요.

TULIPS 튤립
TULIPS는 TWO LIPS(2개의 입술)와
발음이 비슷해요. 입술은 누구나
갖고 있지요.

22쪽

🍿 = 8.00달러

🥨 = 6.00달러

🍭 = 3.00달러

🍫 = 5.00달러

23쪽

살얼음 위에서 스케이트skate를 타다 ⛸️ (뜻: 아슬아슬한 문제를 다루다)

푸른 달moon이 뜰 때 한 번 🌑 (뜻: 매우 드물게 발생하는)

내 귀들ears에는 음악인 👂 (뜻: 듣기 좋은)

사탕candy 가게에 온 어린아이 같은 🍬 (뜻: 매우 행복하고 흥분한)

비rain처럼 올바른 🌧️ (뜻: 상태가 좋은)

펼쳐진 책book 📖 (뜻: 숨기는 것 없는)

모든 구름cloud에는 은빛 안감이 있다 ☁️ (뜻: 괴로움이 있으면 즐거움도 있다)

개dog처럼 아픈 🐶 (뜻: 몸이 아주 안 좋은)

쿠키cookie가 부서지는 식으로 🍪 (뜻: 세상사 다 그런 거다)

일찍 일어나는 새bird 🐤 (뜻: 부지런한 사람)

24쪽

25쪽

1. sun + 🐟 = sunfish 개복치

2. back + ✋ = backhand 백핸드(손등을 공 쪽으로 향하게 해서 치는 것)

3. 📖 + worm = bookworm 책벌레

4. 🔥 + place = fireplace 벽난로

5. green + 🏠 = greenhouse 온실

6. pop + 🌽 = popcorn 팝콘

7. wild + 🌷 = wildflower 들꽃

8. ☀️ + glasses = sunglasses 선글라스

9. sweet + ❤️ = sweetheart 사랑하는 사람

10. under + 🐶 = underdog 약자

26-27쪽

28쪽

29쪽

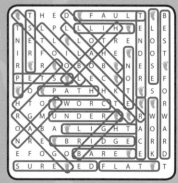

30쪽

1. ACORN 도토리
2. CORNER 모퉁이
3. POPCORN 팝콘
4. UNICORN 유니콘
5. CORNFLAKES 콘플레이크
6. CORNSTARCH 옥수수 전분
7. CORNEA 각막
8. CORNET 코넷
9. PEPPERCORN 통후추
10. CORNBREAD 옥수수빵
11. CORN CHIP 콘 칩
12. CORNY 진부한
13. CORNROWS 콘로즈
14. CORNMEAL 옥수숫가루

31쪽

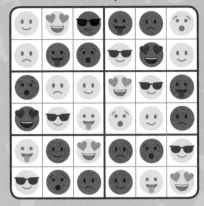

32-33쪽

IT FELT CRUMB-Y.
CRUMBY(빵가루를 묻힌)와
CRUMMY(형편없는)의
발음이 비슷해요.

YOU PUSH IT. 밀어서
에그롤(EGG ROLL)의
ROLL(굴리다)에는
'밀어서 펴다'라는 뜻도 있어요.

"TRY TO KETCHUP."
KETCHUP(케첩)은
CATCH UP(따라잡다)과
발음이 비슷해요.

WITH TOMATO PASTE.
토마토 으깬 것으로
PASTE(으깬 것)에는
'접착제'라는 뜻도 있어요.

34쪽

35쪽

책들books을 때려라 📖 (뜻: 열심히 공부하다)
한 깃털의 새들birds 🦅 (뜻: 같은 무리의 사람들)
같은 배boat 안에서 ⛵ (뜻: 같은 처지에 빠진)
귀ear로 연주하다 👂 (뜻: 사정을 봐 가면서 처리하다)
마음heart의 변화 ❤️ (뜻: 변심)
누군가에게 손hand을 주다 ✋ (뜻: 도와주다)
늑대wolf라고 외치지 말아라 🐺 (뜻: 거짓말을 하지 말아라)
문 안에 발foot을 들여놓다 👣 (뜻: 첫발을 들여놓다)
나는 말horse도 먹을 수 있다 🐴 (뜻: 너무 배가 고프다)
엉뚱한 나무tree에 대고 짖는 것 🌳 (뜻: 헛다리 짚다)

36-37쪽

38쪽

39쪽

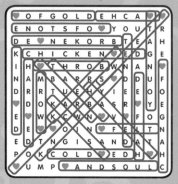

40-41쪽

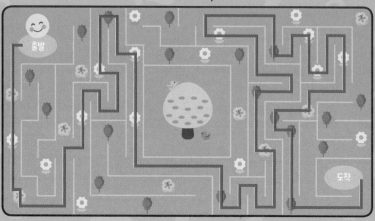

42쪽

1. GIANT 거인
2. ELEPHANT 코끼리
3. TENANT 세입자
4. ANTLER 사슴뿔
5. ANTHEM 국가
6. PENNANT 삼각 깃발
7. SERVANT 하인
8. ANTENNA 더듬이
9. PLEASANT 기분 좋은
10. ANTIQUES 골동품
11. INFANT 젖먹이
12. PANTRY 식료품 저장실
13. MANTEL 벽난로 위 선반
14. HYDRANT 소화전

43쪽

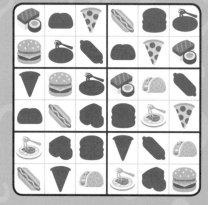

44-45쪽

WRAP
미라는 몸을 붕대로 칭칭 감고 있기 때문에
WRAP(둘둘 감다)과 발음이 비슷한
RAP(랩 음악)을 좋아해요.

POP! 팝 음악
POP에는 '뻥 터지다'라는 뜻도 있어요.

A TROM-BONE
악기인 TROMBONE(트롬본)에
'뼈'를 뜻하는 BONE이 있어서 만들어진
수수께끼예요.

A TEMPO-TANTRUM
TEMPO(박자)와 TANTRUM(짜증을 냄)을 합쳐
만든 말이 TEMPER TANTRUM(울화통)과
발음이 비슷해요.

AT THE SNOWBALL 눈뭉치 위에서
SNOWBALL의 BALL(공)은
BOWL(공연장)과 발음이 비슷해요.

46쪽

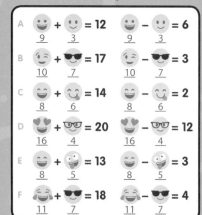

47쪽

눈snow처럼 하얀 ❄ (뜻: 매우 하얀)

달moon 위에 있는 듯한 🌕 (뜻: 매우 행복한)

잘못된 발foot부터 내디디다 👣 (뜻: 시작부터 어긋나다)

배ship는 이미 떠났다 🚢 (뜻: 기회는 없어졌다)

가장 높은 아홉 번째 구름cloud 위에 ☁ (뜻: 무척 기쁜)

네 위장 속 나비들butterflies 🦋 (뜻: 긴장, 떨림)

네 심장heart을 소매에 달아라 ❤ (뜻: 감정을 솔직하게 드러내다)

기차train처럼 꼬리를 물고 이어지는 생각 🚂 (뜻: 이어지는 생각들)

바이올린fiddle처럼 탄탄한 🎻 (뜻: 아주 건강한)

불fire에 연료를 붓다 🔥 (뜻: 문제를 악화시키다)

48쪽

49쪽

eggshell 달걀 껍질
shellfish 조개류
sheep dog 양치기 개
dog sled 개 썰매
eardrum 고막
drumstick 북채
bird house 새집
house boat 집같이 생긴 배
rain water 빗물
watermelon 수박
foot note 각주
notebook 공책
peppercorn 통후추
corn bread 옥수수빵
goldfish 금붕어
fish bowl 어항

50-51쪽

52쪽

53쪽

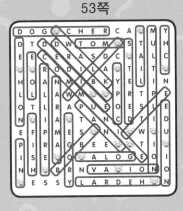

54쪽

1. YEAR 해, 년
2. PEAR 서양배
3. EARN 돈을 벌다
4. CLEAR 맑은, 깨끗한
5. EARTH 지구
6. EARLY 이른
7. LEARN 배우다
8. HEART 심장
9. EARRING 귀걸이
10. TEDDY BEAR 곰 인형
11. TEARDROPS 눈물방울
12. DISAPPEAR 사라지다
13. UNDERWEAR 속옷
14. NEAR 가까운

55쪽

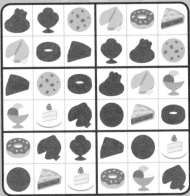

56-57쪽

"CATCH YOU LATER." 나중에 보자
CATCH YOU LATER(나중에 너를 잡다)는
헤어질 때 쓰는 인사말입니다.

THEY TIED. 그들은 묶었다
TIED에는 '시합에서 비긴'이라는 뜻도 있어요.

THE FANS LEFT. 팬들이 떠나서
FAN(팬)에는 '부채', '선풍기'라는 뜻도 있어요.

A TENNIS BALL 테니스공
SERVING(상대편 코트에 공을 쳐 넣는 일)에는
'음식점에서 음식을 나르는 일'이라는 뜻도 있어요.

THEY'RE AFRAID OF THE NET.
네트를 무서워해서
농구 골대에 달린 네트(NET)에는
'물고기를 잡는 그물'이라는 뜻이 있어요.

58쪽

59쪽

여우fox처럼 교활한 🦊

물 밖에 나온 물고기fish 🐟
(뜻: 낯선 상황에서 불편해 하는 사람)

네 말들horses을 잡고 있어라 🐴
(뜻: 흥분을 가라앉히고 다시 생각해 봐라)

원숭이monkey 짓 🐵 (뜻: 바보 같은 수작)

작은 새bird가 내게 말했다 🐦 (뜻: 풍문으로 들었다)

가방에서 고양이cat를 나오게 하다 🐱
(뜻: 무심코 비밀을 말하다)

밤 올빼미owl 🦉 (뜻: 주로 밤에 활동하는 사람)

돼지들pigs이 날 때 🐷🐷 (뜻: 절대 그럴 가능성이 없다)

늙은 개dog에게 새로운 재주를 가르칠 수 없다 🐶
(뜻: 오래된 생각, 방식 등은 바꾸기 힘들다)

생쥐mouse처럼 조용한 🐭 (뜻: 아주 조용한)

60-61쪽

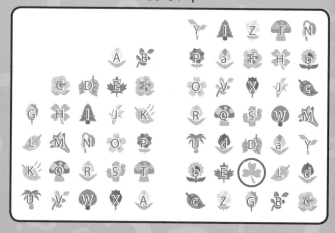

62쪽

63쪽

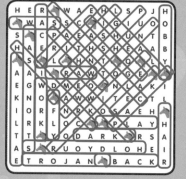

정답

64-65쪽

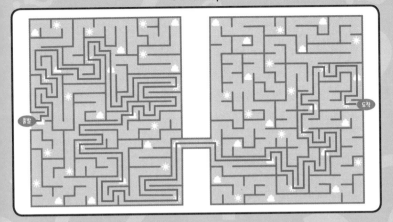

66쪽

1. CANOE 카누
2. PECAN 피칸
3. CANVAS 캔버스
4. CANDLE 양초
5. CANE 지팡이
6. CANARY 카나리아
7. TOUCAN 큰부리새
8. VOLCANO 화산
9. HURRICANE 허리케인
10. SCANNER 스캐너
11. CANDY 사탕
12. CANADA 캐나다
13. CANCEL 취소하다
14. CANYON 협곡

67쪽

68-69쪽

SHE WAS A HOP-TIMIST.
HOP(깡충깡충 뛰다)와 OPTIMIST(낙천주의자)를
합쳐서 만든 수수께끼예요.

FUNNY-SIDE UP 웃긴 면을 익힌 달걀 프라이
FUNNY(웃긴)와 SUNNY-SIDE UP(한쪽만 익힌
달걀 프라이)의 발음이 비슷해요.

IT WAS A WEEP YEAR. 우는 해라서
LEAP YEAR(윤년:2월이 29일까지 있는 해)하고
WEEP(울다) YEAR의 발음이 비슷해요.

HE HAD A RUFF DAY.
RUFF(멍멍 개 짖는 소리)와
ROUGH(거친, 힘든)의 발음이 비슷해요.

70쪽

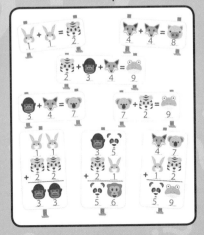

71쪽

소들cows이 집에 올 때까지 (뜻: 오랫동안, 영원히)

케이크cake 조각 (뜻: 아주 쉬운 일)

구름들clouds 속 머리 (뜻: 공상에 잠긴 상태)

박쥐bat처럼 장님인 (뜻: 앞을 잘 못 보는)

비rain 때문에 취소된 경기의 교환권을 받다 (뜻: 다음 기회로 미루다)

팔arm과 다리 한 짝씩의 비용이 든다 (뜻: 매우 비싸다)

칭찬을 물고기fish처럼 낚다 (뜻: 칭찬을 얻으려고 하다)

신발shoe이 발에 맞는다면 (뜻: 어떤 것이 옳다면 받아들여라)

고양이cat가 네 혀를 가져갔다 (뜻: 아무 말도 하지 않다)

사과들과 오렌지들oranges을 비교하는 것 (뜻: 말도 안 되는 비교를 하는 것)

95

정답

72쪽

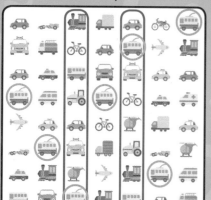

73쪽

1. 🦇 + boy = batboy 야구팀의 물품을 정리하는 소년
2. 🚚 + go = cargo 화물
3. 🥚 + shell = eggshell 달걀 껍질
4. 🕷 + web = spiderweb 거미줄
5. friend + 🚢 = friendship 우정
6. 🐴 + radish = horseradish 서양고추냉이
7. 🌕 + light = moonlight 달빛
8. 👟 + lace = shoelace 신발끈
9. 💪 + chair = armchair 안락의자
10. honey + 🐝 = honeybee 꿀벌

74-75쪽

76쪽

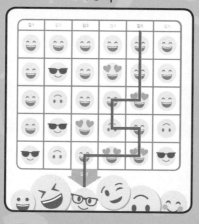

77쪽

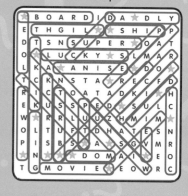

78쪽

1. LIGHTHOUSE 등대
2. HOUSEWORK 집안일
3. DOLLHOUSE 인형의 집
4. HENHOUSE 닭장
5. HOUSEPLANT 실내 화초
6. SCHOOLHOUSE 학교 건물
7. COFFEEHOUSE 커피 하우스
8. COURTHOUSE 법원
9. HOUSEFLY 집파리
10. FARMHOUSE 농가
11. TREEHOUSE 나무 위의 집
12. HOUSEWARMING 집들이
13. GREENHOUSE 온실
14. WAREHOUSE 저장 창고

79쪽

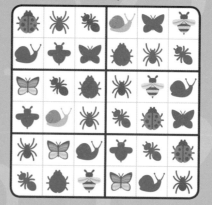

어떤 단어가 될까? 49쪽

 egg

 fish

 foot

bird

 book

 pepper

 sheep

 ear

 sled

gold

 rain

 boat

 bread

 bowl

 melon

 stick

최고의 표정은? 86-87쪽